AF235867

Den Libanon

lieben lernen

*Der perfekte Reiseführer für einen unvergessli-
chen Aufenthalt im Libanon inkl. Insider-Tipps
und Packliste*

Laura Ziegler

✈ INHALT

Das erwartet Sie in diesem Buch   1

Die Hintergrundgeschichte   4

Anreise und Verkehrs-anbindungen   7

Orte und Empfehlungen   10

Beliebte Reiseziele   *11*
Hotelempfehlungen   *19*
Restaurantempfehlungen   *31*

Libanesische Spezialitäten   37

Sehenswürdigkeiten   42

Aktivitäten   49

Sprache und Währung   59

Sicherheit und Hinweise   61

Packliste   69

Das erwartet Sie in diesem Buch

Sie möchten gerne den wunderschönen Orient kennenlernen? Wissen, wie die Menschen im Nahen Osten leben? Eine neue Kultur kennenlernen? Einzigartige und schöne Momente erleben, die unvergesslich sind?

Dann sind Sie hier genau richtig! Dieser Reiseführer bringt Sie an einen ganz besonderen Ort. Lassen Sie sich von dem wunderschönen Libanon verzaubern – eines der Länder, welches gerne von vielen Touristen bereist wird. Ein Land, das Ihnen einen

Einblick in eine neue Welt verschaffen wird. Der Orient voller Highlights und beeindruckender Orte. Wunderschöne Berge, Strände und Meere, die Ihnen den Atem rauben werden. Verbringen Sie Ihren Urlaub im Libanon allein oder genießen Sie ihn mit Ihrer Familie.

In diesem Reiseführer erfahren Sie alles rund um das Land und welche einzigartigen Orte Sie unbedingt sehen sollten. Zusätzlich finden Sie in diesem Artikel auch die besten Hotels, egal ob mit oder ohne die Familie. Sie haben durch viele Aktivitäten die Möglichkeit, den Libanon richtig zu erforschen oder die verschiedensten Sehenswürdigkeiten zu erkunden. Entdecken Sie die vielfältige libanesische Küche und deren leckere Spezialitäten.

Lieben Sie Fleisch oder sind Sie doch vegan unterwegs? Hier ist für jeden etwas dabei! Machen Sie sich Sorgen um die politische Situation im Land? Seien Sie beruhigt, denn Sie erfahren im Reiseführer alles rund um Ihre Sicherheit und die wichtigsten Hinweise. Geschmückt mit bunten Menschen aus aller Welt, ist der Libanon ein einzigartiges Land. Keine Sorge, der Reiseführer zeigt Ihnen auch, wie und in welchen Sprachen Sie mit den Menschen vor

Ort kommunizieren können. Wichtig, zu wissen, ist auch, welche Bezahlmöglichkeiten es gibt und welche Währungen Sie im Orient nutzen können. Über all diese Themen informiert Sie der Reiseführer.

Die Hintergrundgeschichte

Bevor Sie aber Ihre Reise beginnen, ist ein wenig Geschichte von Vorteil, um das Land besser kennenzulernen. Der Libanon ist eine parlamentarische demokratische Republik und liegt im Mittleren Osten. Über fünf Millionen Menschen im Land bevölkern eine Fläche von mehr als 10.000 km². Nach dem Bürgerkrieg in Syrien sind circa zwei Millionen Menschen in den Libanon geflüchtet. Die Geschichte des Landes reicht bis in die Zeit der Römer und der Phönizier zurück. Im Libanon gibt es historische Überreste von Bauwerken und antike Ruinen aus der alten Römerzeit, die Sie noch besichtigen können. Der libanesische Staat grenzt an Syrien und Israel, welche vom Land aus gut erkennbar sind, die aber nicht betreten werden können.

Bis zum Ende des ersten Weltkriegs gehörte Libanon dem Osmanischen Reich an. Jedoch wurde Frankreich im Jahre 1920 das Mandat über Libanon und Syrien vom Völkerbund erteilt. Seit dem 22. November 1943 schaffte es das Land, von Frankreich unabhängig zu werden. Dieser besondere Tag der Unabhängigkeit wird groß im Libanon zelebriert. Eines der besonderen Hauptmerkmale des Landes ist die religiöse Vielfalt, über 18 Religionsgemeinschaften gibt es hier. Die größten Religionsgemeinschaften sind die Schiiten und die Sunniten.

Über fünfzig Prozent zählen zu diesen Religionsgruppen. Etwa zwanzig Prozent der Einheimischen sind Maroniten. Der griechisch-orthodoxen Religionsgemeinschaft gehören ungefähr zehn Prozent der Menschen an, die im Libanon leben. Zu den Minderheiten zählen die armenische, griechisch-katholische und protestantische Religionsgemeinschaft sowie die Drusen. Hierzu gehören ebenso über zehn

Prozent. Dementsprechend gibt es auch verschiedene Sprachen, die im Libanon gesprochen werden. Dazu später mehr im Reiseführer.

Anreise und Verkehrsanbindungen

Sie kennen nun die wichtigsten Informationen des Landes. Doch wie erfolgt die Anreise und welche Verkehrsanbindungen gibt es? Um nach Libanon einreisen zu können, werden ein Reisepass, welcher mindestens 6 Monate gültig sein muss, und ein Visum benötigt, das Sie in der libanesischen Botschaft bekommen können. Es dürfen keine Stempel aus Israel in Ihrem Reisepass vorhanden sein, denn sonst wird Ihnen die Einreise in das Land verweigert. Besorgen Sie sich lieber einen zweiten Reisepass, bevor es Probleme am Flughafen geben könnte.

Möchten Sie maximal nur einen Monat im Land bleiben, so können Sie direkt am Flughafen in Beirut und an den Grenzstellen ein Visum erhalten. Für Reisen, die länger als einen Monat sind, benötigen Sie schon ein Visum bei der Einreise. Dieses kann vor Ort auch um bis zu drei Monate verlängert werden. Besitzen Sie den libanesischen Pass ist kein Visum notwendig. Mit dem Auto gelangen Sie in ein paar Tagen nach Libanon. Falls Sie mit dem Auto nach Libanon fahren möchten, durchqueren Sie verschiedene Länder, wie zum Beispiel Italien oder auch die Türkei und Syrien. Ein Vorteil mit dem Auto zu fahren besteht darin, neue Länder zu erkunden auf dem Weg in den schönen Orient.

Aber wer möchte schon gerne eine Woche mit dem Auto in ein anderes Land fahren? Für abenteuerlustige Menschen ist das sicherlich großartig, dennoch bleibt das Flugzeug die schnellere und gemütlichere Alternative. Mit dem Flugzeug fliegen Sie aus Deutschland nur ein paar Stunden nach Libanon und landen in Beirut am Flughafen, dem sogenannten Rafiq Hariri International Airport. Vom Flughafen aus gibt es die Möglichkeit, sich ein Taxi zu nehmen oder aber sich ein Auto zu mieten. Dafür wird jedoch ein internationaler Führerschein benötigt.

Außerdem bietet Libanon Ihnen die Möglichkeit, sich ein sogenanntes Servicetaxi oder Sammeltaxi zu nehmen. Das Servicetaxi bringt mehrere Fahrgäste gemeinsam zu ihren gewünschten Orten. Diese Orte sollten jedoch dicht beieinander liegen. So können Sie und die Fahrgäste sich die Kosten der Taxifahrt teilen und sparen einiges an Geld und lernen gleichzeitig auch noch neue Menschen kennen.

Aufgrund vergangener Krisen und Konflikte im Land gibt es im Libanon leider keinen Schienenverkehr. Die einzigen elektronischen Straßenbahnen befinden sich in Beirut und in Tripoli. Allerdings gibt es in den anderen Städten private und städtische Busse, welche Sie nutzen können. Hierfür wird eine Fahrkarte benötigt, die Sie direkt im Bus kaufen können.

Orte und Empfehlungen

Nachdem Sie die verschiedenen Verkehrsanbindungen kennengelernt haben, können Sie mit öffentlichen Verkehrsmitteln oder mit dem Taxi in die schönsten Orte des Landes fahren. Selbstverständlich können Sie auch mit einem gemieteten Auto durch die Städte fahren, somit wären Sie unabhängig von den anderen Verkehrsmitteln und könnten sich Ihre Zeit so einteilen, wie es Ihnen gerade passt!

BELIEBTE REISEZIELE

Eine der bekanntesten und beliebtesten Städte im Libanon ist die Hauptstadt Beirut. Beirut hat mit rund zwei Millionen Einwohnern den größten Bevölkerungsanteil des Landes. Zudem ist die Stadt für einen hohen Andrang an Touristen bekannt. Beirut wird auch "Paris des Nahen Ostens" genannt. Hier können Sie viele wunderschöne Orte entdecken, einzigartige Sehenswürdigkeiten besichtigen und eine atemberaubende, über vier Kilometer lange, Seepromenade, umgrenzt von hohen Palmen, erblicken. Eine Reihe von modernen und angesagten Boutiquen, wie zum Beispiel Zara oder Mango, ermöglichen Ihnen das Shopping.

Außerdem finden Sie in Beirut Restaurants mit libanesischen oder internationalen Speisen, aber auch Burger King oder KFC. Die Stadt ist auch für ihr Nachtleben sehr beliebt. Die Clubs und Bars sind modern eingerichtet, jede Nacht in Beirut ist unvergesslich. Sie können neue Menschen aus aller Welt in den Clubs kennenlernen oder einfach Spaß mit Ihrer Familie oder mit Ihren Freunden haben. In Beirut befindet sich zudem auch die größte und bedeutendste Moschee des ganzen Landes. Ansonsten finden Sie ebenso reihenweise Kirchen und Kathedralen in Beirut. Für manche Touristen sind diese Orte sehr beeindruckend, da in einem muslimischen Land so viel Toleranz und Zusammenhalt der verschiedenen Religionen herrscht. Hier ist jeder willkommen!

Außerdem gibt es in Beirut eine Reihe von verschiedenen Hotels, von Luxus bis hin zu Bungalows. Oder doch lieber eine Villa am Meer oder eine Ferienwohnung für die ganze Familie? Fragen Sie sich zunächst einmal, was für Vorstellungen Sie von einem Hotel haben? Haben Sie spezielle Wünsche? Reisen Sie alleine oder mit der Familie? Hierzu kommen später ein paar tolle Hotelempfehlungen.

Ein weiteres beliebtes Reiseziel ist die Stadt Baalbek. Die Kleinstadt zählt mit ihren 80.000 Einwohnern zu der wichtigsten bevölkerten Provinzstadt des Landes. Hier finden Sie Sehenswürdigkeiten, die Geschichte erzählen! Neben dem Berggipfel, den Ruinen und den Tempeln können Sie in der Stadt den größten Baustein der Welt bewundern. Auch genannt "der Stein des Südens". Wenn Sie ein Fan von Geschichte sind, dann besuchen Sie unbedingt die schöne Stadt Baalbek. Sie werden sie lieben. Es gibt von Beirut aus verschiedene Sightseeing-Touren nach Baalbek, auf denen Sie mit anderen Touristen gemeinsam die antike Ruinenstadt und die wunderschöne historische Tempelanlage besichtigen können.

Die zweitgrößte Stadt im Libanon ist Tripoli. Sie wird von über 500.000 Menschen bewohnt. Die Stadt ist bei Touristen sehr beliebt, da sie eine komplett andere Welt zeigt als beispielsweise die moderne Stadt Beirut. Die Folgen des Bürgerkrieges im Sommer 2006 sind in diesem Gebiet des Landes sehr stark erkennbar. Tripoli wurde während des Krieges zerstört und ist nicht wiederaufgebaut worden. Menschen, die diese Stadt besuchen, verschaffen sich einen Eindruck darüber, wie es ist, mit wenig leben zu müssen und nur mit dem Nötigsten auszukommen, wobei selbst das Nötigste, wie zum Beispiel Wasser, nicht immer vorhanden ist.

Außerdem ist Tripoli, im Gegensatz zu anderen Städten des Landes, sehr muslimisch. Hier leben kaum Menschen mit christlichem Glauben oder Menschen, welche einer anderen Religion angehören. In Tripoli gibt es einige Marktviertel, welche sehr traditionell sind. Von Gewürzen und Speisen bis hin zu Kleidung bekommen Sie hier alles! Auch finden Sie Straßenhändler außerhalb des Marktviertels. Die Straßenhändler verkaufen meistens traditionelle arabische Spezialitäten, welche unfassbar lecker sind. Sie müssen es selbst probiert haben!

Einige Kilometer von Tripoli entfernt, befindet sich die Hafenstadt Sidon. Mit rund 167.000 Einwohnern ist sie die drittgrößte Stadt im Libanon. Einheimische nennen die Stadt "Saida", bekannt ist jedoch der Name Sidon bei den Touristen. Der Name Sidon stammt aus Griechenland und bedeutet übersetzt die Fischerstadt.

Das beliebte Reiseziel der Touristen ist eines der schönsten Orte im Libanon. Neben zahlreichen Kirchen und Moscheen, welche eine eindrucksvolle Architektur vorweisen, gibt es vor Ort noch den beeindruckenden Tempel von Eschmun. Der Eschmun-Tempel ist im Libanon ein absolutes Heiligtum. Haben Sie schon mal was von dem Seeschloss gehört? Das Seeschloss, auch "Sidon Sea Castle" genannt, können Sie in der Großstadt besuchen.

Vor Ort haben Sie auch viele Einkaufsmöglichkeiten in einem traditionellen und modernen Einkaufsviertel. Neben dem Einkauf können Sie auch verschiedene Hammams besuchen, um sich zu entspannen. Oder ist Ihnen ein Café mit Blick aufs Meer lieber? Auch hier gibt es eine Reihe von Cafés, welche einen atemberaubenden Ausblick aufs Meer bieten. Entspannen Sie sich bei einer Tasse Kaffee und einem Stück Kuchen.

Neben Sidon ist auch die Hafenstadt Tyros, welche auch bekannt ist als Tyre, eines der beliebtesten Reiseziele der Touristen. Tyros wird auch die Inselstadt genannt, denn ihre Pracht ist unbeschreiblich einzigartig. Nicht nur Touristen lieben die Großstadt, sondern auch die Einheimischen im Libanon, denn Tyros besitzt die schönsten Strände des ganzen Landes. Mit über 115.000 Einwohnern ist die Hafenstadt sehr belebt, hier ist immer was los! Die Menschen in Tyros verbreiten immer gute Laune. Auf dem Weg zu den Stränden finden Sie reihenweise kleine Imbisse. Hier können Sie kurz halten und eine kleine Pause einlegen, denn auf dem Weg zu den Stränden brauchen Sie viel Geduld, da die Straßen in Tyros sehr voll sind. Aber das lange Fahren wird sich lohnen!

Wenn Sie am Strand angekommen sind, möchten Sie nicht wieder zurück. An den Stränden gibt es auch Bars, wo Sie sich einen Cocktail oder einen

Drink gönnen können. Neben den hinreißenden Stränden finden Sie, auf der anderen Seite von Tyros, die Ruinen aus der Römerzeit, welche in die Liste als UNESCO-Weltkulturerbe aufgenommen worden sind. So wie die Stadt Baalbek erzählt auch Tyros mit ihren fantastischen Sehenswürdigkeiten Geschichte.

Mit über 120.000 Einwohnern zählt Nabatäa zu einer der größten Städte im Libanon. Die traditionelle Großstadt ist bei Touristen und auch Einwohnern wegen ihrer orientalischen Altstadt sehr beliebt. Die Altstadt verfügt über einen sehr großen Markt. Einheimische aus den verschiedensten Orten des ganzen Landes kommen jeden Montag in die Stadt, um auf dem Markt einkaufen zu gehen.

Hier werden verschiedene Arten von Gewürzen angeboten, unterschiedliche libanesische Speisen und Spezialitäten, orientalische Kleidung für Groß und Klein sowie Souvenirs und Andenken. Nabatäa ist für ihre religiösen Zeremonien sehr bekannt. Eine der bekanntesten Zeremonien ist das sogenannte A-schura. Jedes Jahr ehren die Menschen vor Ort die Märtyrer aus der Schlacht von Kerbala. Ein, wenn nicht sogar das wichtigste, Ereignis der Menschen im Libanon, vor allem der Schiiten. Hunderte von

Menschen kommen einmal im Jahr zusammen und gedenken der Märtyrer aus Kerbala. S

ie trauern nicht nur, nein die Menschen verbringen den ganzen Tag zusammen, es fühlt sich an als wären sie eine große Familie. Die Leute treffen sich in Moscheen oder auch in ihren Wohnungen, wo jeder herzlich willkommen ist. Dort bereiten die Männer und die Frauen Speisen und Nachtisch für den bevorstehenden Tag zu. Jeden Tag werden die Speisen frisch zubereitet.

Die Großstadt ist nicht nur bekannt für ihre Zeremonien, sie besitzt auch einzigartige Sehenswürdigkeiten und viele Möglichkeiten für Ausflüge und Aktivitäten. Zudem können Sie auch an einer Sightseeingtour teilnehmen, egal, ob nur durch die Stadt oder durch das ganze Land. Es ist Ihnen überlassen!

Nach all den schönen Großstädten gibt es im Libanon eine ganz besondere Kleinstadt, mit rund 40.000 Einwohnern namens Byblos. Byblos wird auch Jbeil genannt, was übersetzt nichts anderes als Berge bedeutet. Der Name sagt schon alles! Die Stadt liegt in der Bergregion von Libanon und ist ein ausgezeichnetes Naturwunder. Dieser Ort wird Sie mit seinen hohen Bergen und den wunderschönen

Sehenswürdigkeiten verzaubern. Byblos wird oft bereist, denn die Küstenstadt ist im Gegensatz zu den anderen Städten eher ruhig und besitzt eine historische Altstadt mit antiken Gebäuden sowie Cafés im älteren Stil.

Ein Highlight des Ortes ist der Hafen, welcher am Abend und bei Nacht beleuchtet ist. Bei einem Spaziergang am Abend können Sie diesen wundervollen Anblick genießen. Diese Aussicht ist einmalig! Die Kleinstadt zählt, so wie die Ruinen von Tyros, zu dem UNESCO-Weltkulturerbe, da die Stadt die älteste der Welt ist, welche seit Jahrzehnten durchgehend besiedelt ist. Trotz der Folgen des Bürgerkrieges, im Sommer 2006, können Sie in Byblos immer noch die Überreste der Bauwerke aus der Römerzeit besichtigen sowie eine wichtige Kreuzfahrerkirche, die sogenannte St. John-Mark-Kirche, erkunden.

Im Libanon gibt es noch unzählige wunderschöne Orte, jedoch sind die obengenannten Reiseziele die beliebtesten.

HOTELEMPFEHLUNGEN

Angekommen in Ihrem gewünschten Ort, ist die Auswahl der Unterkunft enorm wichtig. Hier erfahren Sie, welche die besten Unterkünfte für die obengenannten Städte sind. Da Beirut das beliebteste Reiseziel der Touristen im Libanon ist, gibt es in der Stadt die meisten Hotels und Ferienwohnungen vom gesamten Land.

Dennoch finden Sie hier auch noch einige andere Hotelempfehlungen für die ebenso obengenannten Groß- und Kleinstädte. Haben Sie sich schon gefragt, was Ihre Vorstellungen und Wünsche sind? Möchten Sie gerne puren Luxus genießen? Dann sind Sie im Mövenpick Hotel Beirut genau richtig. Das Hotel, welches direkt im Zentrum von Beirut liegt, ist sehr modern eingerichtet und die hell gestrichenen Zimmer sind mit angesagten Möbeln ausgestattet.

Wenn Sie morgens aufstehen und nach draußen blicken, sehen Sie direkt vor sich das wunderschöne blaue Meer und die hohen Palmen. Ist das nicht ein atemberaubender Anblick? Alle Zimmer besitzen ein eigenes Badezimmer, einen großen Sitzbereich, einen Fernseher und vieles mehr. Im gesamten Hotel können Sie das WLAN kostenlos nutzen. In der Unterkunft sind Kinder jeden Alters herzlich willkommen, denn hier können sich Ihre Kinder auf dem Kinderspielplatz oder im Kinderclub austoben.

Möchten Sie sich gerne entspannen, aber können es nicht, weil Sie keine Betreuung für Ihre Kinder haben? Auch das ist kein Problem, denn das Hotel bietet Ihnen gegen Gebühren eine Baby- und Kinderbetreuung an. Somit können Sie sich im Wellnessbereich in Ruhe entspannen oder eine Runde schwimmen gehen. Sie haben die Wahl zwischen vier Innen- und Außenpools oder dem privaten Strandbereich des Hotels. Sie können im Mövenpick Hotel leckere libanesische Gerichte kosten, egal ob in der Lounge oder in den fünf Restaurants, welche sich direkt im Hotel befinden. Neben den zahlreichen Restaurants finden Sie auch reihenweise Geschäfte in der Unterkunft. Das alles und noch viel mehr hat aber auch seinen stolzen Preis, welcher ab 179 Euro pro Nacht beginnt.

Ist Ihnen das zu teuer, gibt es eine weitere luxuriöse und günstigere Alternative. Ein Hotel in Form einer Villa, die sogenannte Villa Clara Boutique. Die eher ruhige französische Unterkunft liegt direkt am

Meer und ist nur fünf Minuten von einigen Sehens-würdigkeiten entfernt, wie zum Beispiel von dem Platz der Märtyrer. Auch dieses Hotel liegt in Beirut und ist vom Flughafen nur zehn Minuten entfernt. Die Unterkunft bietet Ihnen einen Flughafentransfer an, welchen Sie mitbuchen können.

Die Villa ist in modernen und warmen Farben gestaltet und verfügt über Zimmer, welche im Vintage-Stil eingerichtet worden sind. Zudem bietet das Hotel Kunstwerke aus der früheren Zeit an, welche Sie sich anschauen können. Hier finden Sie zusätzlich noch zwei Gärten sowie einen Kinderspielplatz. Für den Hunger ist die Villa mit einem Restaurant ausgestattet, welches täglich frische französische Gerichte zubereitet. Der Preis pro Nacht liegt hier bei ungefähr 90 Euro.

Eine weitere ruhige Unterkunft ist ein Bungalow, in dem Sie ungestört alleine oder mit Ihrer Familie den Urlaub verbringen können. Ein kleiner Tipp, kommen Sie hierher, wenn Sie sich entspannen möchten und die Ruhe genießen wollen, denn hier gehört ein Bungalow Ihnen ganz alleine. Der sogenannte Small Bungalow, der sich auch in Beirut befindet, liegt in einem eher ruhigen Gebiet. Die

Unterkunft bietet Ihnen eine Grundausstattung und einen eigenen Pool an. Die Zimmer haben einen unbezahlbaren Blick auf die Zedern des Landes. Jedoch gibt es hier keinen WLAN-Anschluss. Ist es aber nicht mal schön, sich einige Tage zu entspannen, ganz ohne Telefon und Internet und einfach nur die Natur zu genießen? Preislich liegen Sie hier bei circa 150 Euro die Nacht.

Falls Ihnen das zu teuer ist, gibt es auch hierfür eine preiswertere Alternative, wie zum Beispiel eine Ferienwohnung, wo genug Platz für die ganze Familie ist. Die Ferienwohnung Sin El Fil liegt auch im Zentrum von Beirut und befindet sich in einem großen Gebäude.

Die Wohnung reicht für fünf Gäste und bietet Ihnen zwei Schlafzimmer mit mehreren Betten, einen Wohnbereich mit Balkon, eine Küche und ein Bad an. Die Bleibe ist einfach und im älteren Stil gehalten und ist voll mit Möbeln ausgestattet. Außerdem stellt Ihnen die Unterkunft auch einen Herd, einen Kühlschrank und Gefrierschrank, einen Fernseher, eine Waschmaschine und vieles mehr zur Verfügung. Hier können Sie sich wie zu Hause fühlen! Die Kosten für fünf Personen fangen ab 76 Euro an.

Ist Ihnen nicht nach Selbstverpflegung? Beirut bietet Ihnen auch zahlreiche günstige Hotels an. Ein sehr beliebtes Hotel ist das The Grand Meshmosh Hotel, das ungefähr einen Kilometer vom Zentrum entfernt liegt. Das Hotel bietet Spaß für die ganze Familie. Neben den einfach gehaltenen Familienzimmern, mit kostenlosem WLAN, bietet es Ihnen zahlreiche Aktivitäten an.

Sie können an einer Wandertour durch die Berge oder an einer Tour durch die Stadt teilnehmen. Wenn Sie gerne lesen, steht Ihnen eine Bibliothek zur Verfügung, mit einer Vielzahl an Büchern in verschiedenen Sprachen. Auch stellt das Hotel Ihnen und Ihrer ganzen Familie einen Indoorspielplatz bereit sowie verschiedene Brettspiele, zahlreiche Puzzlespiele, CDs, DVDs und Bücher für Kinder. Das Hotel verfügt über ein Restaurant, eine Bar, ein Café und einen großen Garten. Außerdem können Sie hier auch Geld in libanesische Währung eintauschen. Der Kostenpunkt liegt in dieser Unterkunft bei 22 Euro pro Person.

Wenn Sie Ihren Urlaub nicht in der Metropole, sondern in der Stadt der Tempel verbringen möchten, dann stehen Ihnen in Baalbek zwei sehr empfehlenswerte Unterkünfte zur Verfügung. Da Baalbek eine kleine Stadt ist und weniger Einwohner hat als die anderen Städte, gibt es hier keine große Auswahl an Unterkünften. In dem Gebiet Ras Al Ain hat das Kanaan Group Hotel seinen Platz. Die Unterkunft ist nur 15 Minuten von den Tempeln und 10 Minuten von den Restaurants und den verschiedenen Geschäften entfernt.

Hierbei handelt es sich um eine eher ruhige Unterkunft mit einer tollen Atmosphäre. Obwohl das Hotel eher klassisch eingerichtet ist, ist es trotzdem sehr modern. Jedes Hotelzimmer verfügt über einen Fernseher, eine Klimaanlage und eine Minibar. Zusätzlich haben einige Zimmer auch einen Balkon mit einem fantastischen Blick auf die Berge. In der gesamten Unterkunft können Sie das kostenlose WLAN nutzen. Zudem gibt es auch einen Garten und eine Sonnenterrasse mit einer herrlichen Aussicht, auf der Sie sich entspannen können. Im Hotelrestaurant genießen Sie libanesische und westliche Speisen. Zudem bietet Ihnen das Hotel verschiedene Geschäfte an, in denen Sie einkaufen gehen können. Der Preis pro Person liegt bei circa 80 Euro, inklusive einem Frühstücksbuffet.

Eine weitere Unterkunft in Baalbek ist das legendäre Palmyra Hotel. Dies ist eines der beliebtesten Hotels in der Kleinstadt, denn es ist nur einen Kilometer von den Tempeln und 600 Meter vom Zentrum entfernt. In diesem Hotel haben Sie das Gefühl eine Zeitreise durch die Geschichte zu durchleben, denn die Einrichtung des Hotels und die Zimmer sind in einem charmanten antiken Stil. Dieser Ort wird in die Geschichte eingehen!

Das Hotel öffnete im Jahre 1844 und ist seitdem nicht geschlossen worden. Die großen Zimmer mit Balkon gewähren Ihnen einen Blick auf die historischen Ruinen. Außerdem finden Sie in den Zimmern Wasserhähne im Schwanen-Design und handgemachte Seife.

In den Zimmern befindet sich kein Fernseher, jedoch verfügt das Hotel über eine Gemeinschaftslounge mit einem TV-Bereich. Im Garten oder auf der Terrasse können Sie es sich gut gehen lassen, bei einer Tasse Kaffee und einem selbstgebackenen Brot, welches direkt vor Ort gebacken wird.

Im Innenhof der Unterkunft gibt es ein Restaurant mit traditionellen libanesischen Speisen. Lassen Sie sich von dem wunderschönen antiken Ambiente verführen! Preislich liegt das Palmyra Hotel bei circa 56 Euro, inklusive Frühstück.

Obwohl Tripoli die zweitgrößte Stadt im Libanon ist, gibt es hier eine sehr geringe Auswahl an Unterkünften, da die Stadt, wie schon erwähnt, nach dem Sommerkrieg 2006 nicht aufgebaut wurde. Das einzig empfehlenswerte Hotel in Tripoli ist das Miramar Hotel Resort and Spa. Das Leben in dieser Unterkunft ist komplett anders, als Sie sich das vorstellen würden, wenn Sie die Straßen der Stadt sehen könnten. Denn hier ist Luxus angesagt!

An diesem Ort gibt es alles, was Sie sich nur wünschen können, von einem Wellnessbereich und einem eigenen Strandbereich bis hin zu einem Nachtclub. Jedes Hotelzimmer verfügt über einen Flachbild-TV, eine Minibar und einen eigenen Sitzbereich sowie einen Balkon. Sie können wählen, ob Sie mit einem Meerblick oder einem Blick auf die Berge in den Tag starten wollen.

Auch Ihr Kind wird es hier lieben, denn das Hotel stellt Ihnen und Ihrer Familie einen Indoorspielplatz und einen Outdoorbereich zur Verfügung. Gegen Aufpreis gibt es auch eine Baby- und Kinderbetreuung. Verschiedene Aktivitäten ermöglichen es

Ihnen, unvergessliche Momente zu erleben. Da das Hotel einen eigenen Strandbereich besitzt, können Sie hier Windsurfing betreiben oder tauchen gehen.

Ist Ihnen nicht nach Strand und Wasser, dann können Sie auch gerne Fahrrad fahren oder Tennis spielen. Sind Sie ein Fitnessfan und möchten Ihr Programm wie gewohnt weiterführen? Dann bietet Ihnen das Hotel auch einen Fitnessbereich und einen Yogabereich an. Zusätzlich gibt es in der Unterkunft ein Restaurant, eine Bar und ein Café, in denen Sie lecker essen oder einen Drink genießen können. Preislich liegen Sie bei dem Hotel bei circa 160 Euro die Nacht. Seien Sie sich aber sicher, dass sich hier jeder Cent lohnen wird, denn die Momente, die Sie allein schon im Hotel erleben werden, sind einzigartig.

Spricht Sie die Inselstadt Tyros (Sour) mehr an als Tripoli? Tyros ist neben Beirut ein sehr beliebtes Reiseziel, denn hier gibt es die schönsten Strände. Auch hier finden Sie zahlreiche verschiedene Unterkünfte. Wenn Sie mit der ganzen Familie einen Urlaub in Tyros verbringen möchten, bietet Ihnen ein Ferienhaus alles, was Sie benötigen. Das Homeplace Sour ist ungefähr 240 Quadratmeter groß und liegt direkt am Strand. In dem Haus können bis zu acht Personen wohnen, verteilt in zwei Zimmern mit mehreren Betten. Außerdem verfügt die Unterkunft auch über einen Wohnbereich, eine große Küche und ein Bad, das mit einer Dusche, einem WC und einer Waschmaschine ausgestattet ist.

Zudem bietet Ihnen das Haus einen großen Balkon mit Blick aufs Meer und einen Garten mit Grillmöglichkeiten. Sollten Sie sich ein Auto mieten für Ihren Urlaub, gibt es auch die Möglichkeit, vor dem Haus zu parken. Hier gibt es für Sie kostenloses WLAN. Die Vermieter dieses Hauses sprechen außerdem auch Deutsch. Preislich liegt die Unterkunft für die ganze Familie bei ungefähr 85 Euro.

Möchten Sie sich im Urlaub nicht um den Haushalt und das Kochen kümmern, gibt Ihnen das bekannte El Boutique Hotel, eine Gelegenheit sich zu entspannen. Die Hotelzimmer besitzen auch hier einen Flachbild-TV, ein eigenes Bad, einen Sitzbereich, einen Schreibtisch und kostenloses WLAN.

Sie haben die Wahl zwischen leckerem Essen im Restaurant oder erfrischenden Getränken an der Hotelbar. Sie können sich auch auf die Terrasse begeben oder im Garten, bei einem Picknick, den Blick aufs Meer genießen. Es ist Ihnen überlassen!

Ist Ihnen nach Abenteuer, so haben Sie die Möglichkeit, angeln oder schnorcheln zu gehen. Nach Ihrem Ausflug können Sie gegen Aufpreis den Abend im Nachtclub ausklingen lassen oder sich bei einer Abendunterhaltung ausruhen. In der Unterkunft liegt der Preis bei circa 99 Euro die Nacht, inklusive einem Frühstücksbuffet.

Verbringen Sie Ihren Urlaub in den Bergen, so haben Sie auch hier in Byblos eine Auswahl an verschiedenen Hotels. Die meisten Unterkünfte bieten Ihnen einen atemberaubenden Ausblick auf die Berge. Im Four Seasons Halat Hotel können Sie diese Aussicht auf der Terrasse oder aus Ihrem Zimmer genießen. Jedes Zimmer ist einfach und modern gestaltet. Ausgestattet ist jedes Hotelzimmer mit einem Fernseher, einem eigenen Bad mit Dusche oder Badewanne und einem Schreibtisch mit Sitzmöglichkeit. In der Gemeinschaftslounge können Sie mit anderen Gästen zusammenkommen und neue Menschen kennenlernen.

Des Weiteren gibt es in der Unterkunft noch ein Restaurant, wo unterschiedliche libanesische Spezialitäten angeboten werden, sowie eine Bar und einen Außenpool. Das Hotel ist ungefähr sechs Kilometer vom Zentrum entfernt und sieben Kilometer vom Byblos Fossil Museum. Die Kosten für eine Nacht fangen ab 39 Euro an, inklusive Frühstück. Auch in der Nähe des VU'Z Hotel finden Sie bekannte Sehenswürdigkeiten, wie zum Beispiel die Kreuzfahrerburg Gibelet.

Das Hotel ist nur vier Kilometer vom Zentrum entfernt, welches Sie gut mit den öffentlichen Verkehrsmitteln oder einem Taxi erreichen können. Außerdem befindet sich ein kleiner Markt vor dem Hotel, wo Sie einkaufen gehen können. Die Unterkunft, sowie alle Zimmer, sind in einem antiken Stil eingerichtet. In jedem Zimmer befindet sich ein eigenes Badezimmer, ein Schreibtisch, ein Sitzbereich, ein Flachbildfernseher, eine Minibar und eine Klimaanlage.

Einige Räume verfügen auch über einen Balkon mit der Aussicht auf das Mittelmeer und eine eigene Küchenzeile mit Kühlschrank und Mikrowelle. Sowie bei fast allen Hotels finden Sie auch in diesem Hotel ein Restaurant, eine Lounge und eine Bar sowie einen Pool. Abends sind die Anlagen des Hotels bunt beleuchtet.

Preislich liegen Sie hier pro Nacht bei circa 57 Euro, inklusive einem täglichen Frühstücksbuffet.

RESTAURANTEMPFEHLUNGEN

Wenn Ihnen das Hotelessen nicht zugutekommt, dann haben Sie eine umfangreiche Auswahl an Restaurants. Auch wenn es im Libanon etliche Speiselokale und Imbisse gibt, sollten Sie dennoch vorsichtig sein, wo Sie essen gehen, denn nicht alle sind empfehlenswert. Trotz allem treffen Sie hier auf eine leckere internationale Küche, bis hin zu fantastischen regionalen Speisen.

Ein sehr beliebtes Restaurant bei der jüngeren Generation ist das B.Hive LB in Beirut. Das Lokal bringt Ihnen die schmackhaften libanesischen Spezialitäten nahe, welche unfassbar lecker sind. Außerdem können Sie hier frühstücken, zu Mittag essen, zu Abend essen und erfrischende Getränke genießen. Eine der besonderen Eigenschaften des Restaurants ist, dass es einen Außenbereich und eine Bibliothek besitzt. Zudem sind die angebotenen Speisen und Getränke günstig und dennoch sehr köstlich.

Wenn Sie schon immer mal die mediterrane

Küche kosten wollten, so ist das Barbar Rest in Beirut empfehlenswert. Neben der sogenannten Mittelmeerküche bietet Ihnen das Restaurant auch orientalische Speisen aus verschiedenen Ländern des Orients an. Vor allem für Vegetarier und Veganer gibt es vor Ort zahlreiche leckere Gerichte. Eine der leckersten libanesischen Speisen, welche Sie sowohl als Veganer und auch als Fleischesser verzehren können, ist das Mluchijje, was genau das ist, erfahren Sie später. Auch klassische Speisen, wie Steak oder Burger, finden Sie in dem Barbar Rest. Die Gerichte und Getränke liegen in dem Restaurant auch in der kostengünstigeren Preisklasse.

Haben Sie schon genug von den libanesischen Spezialitäten? Die SUD Restobar in Beirut tischt Ihnen italienische und andere europäische Speisen auf. Auch dieses Lokal ist für Vegetarier und Veganer geeignet. Vor allem am Abend bietet Ihnen die Bar eine gute Möglichkeit an, sich zu entspannen. Genießen Sie bei schöner Musik einen Cocktail oder trinken Sie ein Glas Wein. Allerdings liegen die Kosten hier in der mittleren Preisklasse.

Die Stadt Tyros besitzt einige Restaurants und Bars, welche direkt am Meer liegen. Das Al-Fanar

Restaurant liegt genau am Strand, mit der direkten Aussicht auf das blaue Meer und den Leuchtturm. Ist das nicht traumhaft, einen Cocktail bei Sonnenuntergang am Meer zu trinken und sich einfach nur zu erholen und den Anblick zu genießen? Auch hier bietet Ihnen das Restaurant Besonderheiten aus der libanesischen und orientalischen Küche an. Das Lokal ist für Fleischesser und Vegetarier geeignet. Preislich liegen die Kosten in der Mittelklasse.

Wenn Ihnen nicht nach Meer und Leuchtturm ist, so können Sie es sich im Aurelia gut gehen lassen. Das Aurelia hat in Tyros seinen Platz und wird von einer Familie betrieben. Sie finden das Restaurant in der Altstadt. Die Familie bietet Ihnen italienische, französische und amerikanische Gerichte an sowie eine vielfältige Auswahl an Meeresfrüchten. Die Preise im Lokal entsprechen denen der Mittelklasse.

Das Restaurant Akra in Tripoli zählt zu den beliebtesten Restaurants im Lande. Das Lokal befindet sich im Marktviertel von Tripoli und ist in einem charmanten antiken Stil gehalten. Die Mahlzeiten entsprechen der libanesischen und orientalischen Küche und sind auch sehr preiswert und unglaublich lecker. Hier können Sie eine kleine Pause einlegen und dann auf dem Markt bummeln gehen.

Machen Sie Urlaub in Sidon oder besichtigen die Stadt, so bietet Ihnen die Hafenstadt ein Lokal direkt am Wasser, mit Blick auf die Küste und auf die Zitadelle, an. Das Rest House Restaurant offeriert libanesische, orientalische und europäische Gerichte. Außerdem können Sie hier auch verschiedene Desserts verspeisen. Vor allem für Vegetarier, Veganer und Menschen mit einer Glutenunverträglichkeit ist das Restaurant sehr empfehlenswert. Auf der großen Terrasse im Freien können Sie den Abend mit Ihren Liebsten bei einem Drink ausklingen lassen. Auch die Preise sind hier recht günstig gehalten.

Haben Sie keine Zeit ihr Mittagessen im Restaurant zu genießen, dann steht Ihnen auch in Sidon der Imbiss Shawarma w Saj zur Verfügung. Das ist der Ort für den großen Hunger, hier müssen Sie nicht lange auf Ihr Essen warten und können es vor Ort oder unterwegs verspeisen. Auch für Vegetarier und Veganer gibt es hier die Möglichkeit zu essen. Allerdings sind die Preise hier etwas höher, aber dennoch realistisch.

Möchten Sie in eine neue Welt, weit weg von Libanon, eintauchen, aber möchten das Land nicht verlassen? In Byblos gibt es das sogenannte Kami-Japanese Restaurant. Hier sind Sie weit weg von libanesischen Speisen und Spezialitäten. In diesem Lokal genießen Sie japanische und asiatische Gerichte. Für Vegetarier, Veganer und Menschen, die sich glutenfrei ernähren gibt es eine vielfältige Menükarte in dem Restaurant. Die Gerichte und Getränke liegen auch in diesem Lokal in der mittleren Preisklasse.

Byblos verschafft Ihnen einen Einblick in die spanische Küche. Im La Paradera können Sie lecker zu Mittag und zu Abend essen. Die Bar im Restaurant ist mit alkoholischen und alkoholfreien Drinks voll ausgestattet. Außerdem können Sie während oder nach dem Essen ein Glas Wein oder eine Flasche Bier genießen. Die Preise im Restaurant entsprechen auch in diesem Lokal eher der Mittelklasse.

Damit Ihre Kinder auch ihren Spaß haben, gibt es in Nabatäa das To Tango Restaurant und Café. Hier können sich Ihre Kinder austoben, denn das Restaurant bietet ihnen einen großen Spielplatz an. Nachdem die Kinder ihren Spaß hatten, werden sie höchstwahrscheinlich einen Bärenhunger haben. Auch hierfür ist gesorgt, denn die Kinder bekommen extra eine Speisekarte für Kinder. In der Speisekarte sind alle Gerichte aufgelistet, die jedes Kind liebt. Für die Erwachsenen gibt es ein All-you-can-eat-Angebot. Hier werden libanesische und internationale Gerichte angeboten. Bei einem Cocktail können Sie es sich gemütlich machen und sich, bei der schönen Aussicht auf die Natur, entspannen. Auch die Preise in diesem Lokal sind sehr angemessen und nicht überteuert.

Wollten Sie schon immer mal die alten Häuser sehen, welche man in den libanesischen Serien und Filmen sieht? Das Bait AL Zaman AL Jamil Restaurant ermöglicht es Ihnen. Das Vintage Restaurant bietet Ihnen libanesische und westliche Speisen an. In dem Lokal ist die Lage eher ruhig und entspannt, bei einem gemütlichen Ambiente mit einem Wasserbrunnen. Abends ist das Restaurant beleuchtet und Sie können es sich mit einer Wasserpfeife bequem machen. Die Preise sind auch hier fair und günstig.

Libanesische Spezialitäten

Fragen Sie sich, was es für leckere libanesische Spezialitäten in den Restaurants gibt? Die Hauptzutaten, der meisten libanesischen Speisen, sind frisches Gemüse, viele Kräuter und Gewürze. Im Großen und Ganzen sind die libanesischen Speisen gesund. Wer hätte das gedacht?

Natürlich wird auch gerne schön deftig gegessen. Eine der beliebtesten und meist gegessenen Speisen sind die gefüllten Weinblätter. Es gibt zwei Varianten von Weinblättern, einmal auf vegetarischer und veganer Art und einmal mit Fleisch gefüllt. Die Weinblätter werden mit einer Mischung aus Reis, Gemüse und verschiedenen Gewürzen befüllt. Bei der zweiten Variante wird statt Gemüse Fleisch verwendet in der Mischung. Nachdem die Weinblätter befüllt sind, werden diese einige Stunden auf dem Herd gekocht. Das Ganze kann man so verzehren oder mit arabischem Brot essen.

Eine weitere leckere Spezialität der Libanesen ist das Mluchijje. Mluchijje ist nichts anderes als Muskraut, welches vegan oder auch mit Fleisch zubereitet werden kann. Das Gericht besteht neben Muskraut noch aus Koriander, Knoblauch, Zitrone und einigen libanesischen Gewürzen. Für Fleischesser wird noch Hähnchen oder Lammfleisch verwendet. Dazu wird Reis und arabisches Brot serviert.

Die wohl bekanntesten Spezialitäten sind Falafel und Shawarma. Falafel sind vegane Frikadellen. Hierfür werden Hülsenfrüchte püriert und mit Koriander, Petersilie und verschiedenem Gemüse vermischt. Gewürzt wird das Ganze mit Salz, Pfeffer und Kümmel. Shawarma hingegen sind Fleischstücke, die extra mit einem Shawarmagewürz verfeinert werden und im Ofen zubereitet. Das Shawarma sowie auch die Falafel werden mit Brot, Gemüse und einer zubereiteten Sauce aus Sesampaste verzehrt. Hierzu werden auch super gerne die Beilagen Hummus und Mutabbal gegessen. Hummus ist ein Kichererbsenmus, welches mit Knoblauch und Sesampaste zubereitet wird. Auch das Mutabbal ist ein Mus aus gegrillten Auberginen, das ebenso mit Knoblauch und Sesampaste zubereitet wird.

Eine weitere fleischige Alternative ist das Shish Tavuk. Shish Tavuk ist Hähnchenbrustfilet, welches in Stücke geschnitten und mit einer Marinade aus Knoblauch, Joghurt und libanesischen Gewürzen angerichtet wird. Die Hähnchenstücke isst man am liebsten auf einem arabischen Brot, welches mit arabischen Sauergurken belegt ist. Wenn Sie nicht gerne Fleisch essen, dann gibt es noch das sogenannte Batata Harra.

Batata Harra sind frittierte Kartoffelstücke, die mit Koriander, Salz, Chili und Zitrone abgeschmeckt werden. Dieses Gericht isst man auch mit arabischem Brot, Gurke und Tomate. Wenn Sie Kartoffeln nicht frittiert essen, kann man als Alternative die Kartoffelstücke auch im Ofen backen.

Neben all den leckeren Spezialitäten essen die

Libanesen zu fast jedem Gericht den sogenannten Taboulé-Salat. Taboulé besteht aus Petersilie, vielen Tomaten, Lauchzwiebeln und frischen Minzblättern. Das Gemüse wird mit feinem Bulgur vermischt und mit Salz, Zitrone und Olivenöl ergänzt

Zum Frühstück wird gerne Manaqish gegessen. Manaqish sind kleine Frühstückspizzen, die aus einem Hefeteig, belegt mit Käse, Gemüse oder Thymian, bestehen. Die Pizzen werden in einem speziellen arabischen Backofen gebacken und mit Gurken und Tomaten verspeist. Liegt Ihnen eine Frühstückspizza am Morgen schwer im Magen, dann gibt es natürlich noch andere Frühstücksalternativen. Eine weitere beliebte Spezialität ist das sogenannte Foul. Foul sind braune Saubohnen, die kurz aufgekocht werden und mit Knoblauch, Salz, Kümmel und Zitrone gewürzt. Das Frühstücksgericht wird oft mit arabischem Brot und Gemüse gegessen. Die Mahlzeit ist auch für Vegetarier und Veganer geeignet.

Die Libanesen gönnen sich gerne mal nach dem Essen eine leckere Nachspeise. Die Desserts sind meist sehr süß, aber so unglaublich lecker. Eine sehr gern gegessene Nachspeise ist Katayef. Katayef sind halboffene Teigtaschen, die ohne Öl in einer Pfanne gebacken werden. Gefüllt sind diese mit einem selbstgemachten Milchpudding. Zum Schluss werden die gefüllten Teiglinge in gemahlenen Pistazien oder in gemahlenen Walnüssen gewälzt. Die fertigen Teigtaschen werden mit einem selbstgemachten Zuckersirup serviert. Ein weiteres Dessert, welches auch in Deutschland in arabischen Lokalen angeboten wird, ist das Knafeh.

Knafeh ist zwar eine Nachspeise, man kann es aber auch zum Frühstück genießen, belegt auf einem Sesambrötchen schmeckt die Knafeh unfassbar lecker. Neben all den genannten leckeren Speisen und Desserts, gibt es noch zahlreiche andere mehr. Sie müssen es aber alles selbst probieren, deswegen lassen Sie sich von den libanesischen Spezialitäten verzaubern! Es ist eine pure Explosion im Mund, die Sie so schnell nicht wieder vergessen werden.

Sehenswürdigkeiten

Libanon hat neben dem leckeren Essen auch noch ganz besondere Sehenswürdigkeiten, die jeder im Leben mindestens einmal gesehen haben sollte. Eine ganz besondere Attraktion ist die Tropfsteinhöhle.

Die Tropfsteinhöhle Jeita-Grotte liegt in der Nähe von Beirut. Dieses Naturwunder zeigt, was die Natur alles schaffen kann. Sie zählt zu einer der schönsten Attraktionen des Landes und sogar der ganzen Welt. Diese besteht aus zwei Höhlen, welche miteinander verbunden sind. Einmal aus der unteren Höhle und der oberen Höhle. Dieses

Höhlensystem können Sie besichtigen.

In der unteren Höhle können Sie auf einer kleinen Bootstour den unterirdischen Fluss erkunden. Dort fließt das Wasser aus dem bekannten Fluss Nahr al- Kalb, welcher ins Mittelmeer mündet. Außerdem ist die phänomenale Grotte mit Farben bunt beleuchtet.

Die obere Höhle erreichen Sie zu Fuß oder mit einer Gondelbahn. Fahren Sie mit der Gondelbahn, so können Sie in der Kabine der Seilbahn die Natur nochmal von oben sehen. Oben angekommen haben Sie einen Blick auf den Fluss der unteren Höhle. Die gigantischen Felsen und Tropfsteine, die Sie von oben ebenfalls sehen können, verschaffen Ihnen einen phänomenalen Einblick in die Wunder der Natur. In beiden Höhlen ist das Fotografieren verboten. Schon am Eingang werden Sie aufgefordert, Ihr Smartphone oder Ihre Kamera im Safe zu verschließen.

Sehr sehenswert ist auch das Wasserschloss, welches auch Seeschloss von Sidon genannt wird. Das Schloss wurde im 13. Jahrhundert von Kreuzfahrern gebaut und steht bis heute noch in der Hafenstadt, nicht in seiner vollen Schönheit, dennoch ist es ein Denkmal aus der Zeit der Kreuzzüge. Wenn Sie die Festung besuchen möchten, so ist es empfehlenswert, sich direkt am frühen Morgen auf den Weg zu machen. Denn so haben Sie die Chance, das Schloss in Ruhe zu erkunden und sich Zeit zu lassen, bevor der Andrang hoch wird. Selbstverständlich können Sie auch in das Schloss hineingehen und es von innen besichtigen.

In Sidon finden Sie außerdem auch den Tempel von Eschmun. Eschmun galt in der früheren Zeit als der Heil- und Fruchtbarkeitsgott und der Gott der Stadt.

Einige Kilometer von Sidon entfernt, liegt die Stadt der Tempel. Baalbek ist bekannt für die größte antike Tempelanlage des Landes. Die Tempel sind eine Touristenattraktion, die Sie unbedingt besuchen sollten, wenn Sie im Libanon sind. Jedoch wird geraten, sich nicht alleine in das Gebiet zu begeben. Hier besteht die Möglichkeit, sich einer kleinen Gruppe anzuschließen und die Stadt zu erkunden. Von Beirut aus werden auch Stadttouren nach Baalbek angeboten. In der Kleinstadt können Sie neben römischen Ruinen auch Überreste antiker Bauwerke besichtigen. Baalbek gewährt Ihnen Einblick in die Geschichte.

In der Nähe von Baalbek können Sie die Burg Beaufort betrachten. Die historische Festung liegt am Fluss Litani und besitzt eine Höhe von 650 Metern. In der Zeit der Kreuzzüge wurde die Burg von den Kreuzfahrern eingenommen. Nach mehreren Auseinandersetzungen konnte die Burg wieder befreit werden. Sie haben die Gelegenheit, die antike Ruine zu besteigen und einen kurzen Moment die Aussicht auf die Natur und die Stadt zu genießen.

Wenn Sie noch mehr antike Ruinen sehen möchten, so bietet Ihnen Tyros sehenswerte historische Monumente an. Die Ruinen der antiken Stadt Tyros zählen seit dem Jahr 1984 zur Welterbestätte. Obwohl die Tempelanlage zum Teil in Trümmern liegt, ist sie trotzdem immer noch von erstaunlich schöner Pracht. Die historischen Monumente können Sie an verschiedenen Ausgrabungen besichtigen. Einige Ruinen befinden sich sogar direkt am Meer. Bestaunen Sie die Ruinen am Meer, so haben Sie einen unbeschreiblich hinreißenden Ausblick auf das Mittelmeer. Bei einem Spaziergang entdecken Sie den antiken Torbogen, welcher ebenso am Meer liegt. Außerdem haben Sie die Möglichkeit, den einzigen antiken Friedhof aus dem 1. Jahrhundert zu besichtigen. Der Friedhof stammt aus der Zeit der Phönizier. Ein Ausgrabungsort in Tyros bietet Ihnen Fundamente einer Kirche aus der byzantinischen Zeit an. Zusätzlich haben Sie die Chance, eine antike, 470 Meter lange, Rennbahn aus dem römischen Reich zu erkunden. Sie ist die größte Rennbahn des gesamten römischen Reiches gewesen.

Eine etwas andere Art von Sehenswürdigkeit ist die größte und bekannteste Moschee des Landes. Es ist die Mohammed-al-Amin-Moschee und sie hat ihren Standort in der Hauptstadt Beirut. Die Moschee ist in hellen Farben und sehr modern eingerichtet. Von außen hat das Gebäude hellblaue Dächer und ist in ihrem Umriss und den Säulen beigefarben gehalten. Im Innern der Moschee können Sie beeindruckende Deckenmalerei und die großen Kronleuchter betrachten.

In der Gebetsstätte ist jedermann herzlich willkommen, es ist völlig egal, ob die Menschen ihre Gebete verrichten möchten oder die Moschee nur bestaunen wollen, die Türen stehen für jeden offen. Allerdings sollten Sie vor dem Besuch einer Moschee wissen, dass Sie sich angemessen kleiden müssen.

Haben Sie keine langen Sachen eingepackt, ist das überhaupt kein Problem, denn in der Moschee bekommen Sie auch ein langes Gewand, welches Sie über Ihre Kleidung überziehen können.

Nicht einmal hundert Meter von der berühmten Moschee entfernt, befindet sich die maronitische Sankt-Georgs-Kathedrale. Das Kirchengebäude wurde im Bürgerkrieg 2006 erheblich zerstört. Nachdem der Krieg vorbei war, wurde die Kathedrale wieder saniert und neu aufgebaut. Auch das Gebäude und das Innere der Gebetsstätte sind mit hellen Farben und sehr modern eingerichtet. Im Inneren der Kirche können Sie bedeutende Kunstwerke besichtigen.

Die Kathedrale ist, genauso wie die Moschee, für jedermann offen. An diesen beiden besonderen Orten vereinen sich Menschen aus verschiedenen Religionen. Vor allem für Touristen ist es hier besonders schön, denn es wird einem nochmal vor Augen geführt, dass die Menschen im Libanon gemeinsam mit den Menschen, die einem anderen Glauben angehören, in einem islamischen Land trotzdem in Frieden leben können und sogar einen Ort haben, welcher sie verbindet.

Natürlich gibt es auch eine bekannte Synagoge, die ebenso in Beirut ihren Platz hat. Die Magen-Abraham- Synagoge ist die einzige und älteste Synagoge aller Zeiten, die noch existiert. Auch wenn sie nicht mehr in ihrer originalen Form besteht, dennoch steht das Gebäude und wurde wiederaufgebaut. Denn auch dieses Gotteshaus erlitt schwere Schäden während des Krieges. Vor einigen Jahren wurde sie neu aufgebaut und ebenso in hellen Farben von innen und von außen eingerichtet. Das Gebäude wurde, so wie die anderen Gotteshäuser, in einem beigen Farbton gestrichen. Von innen wurde die Kathedrale mit hellblauen und orangefarbenen Tönen verschönert.

Es gibt noch zahlreiche andere Gebetsstätten im Libanon, jedoch zählen die drei besonderen Orte zu den beliebtesten und einzigartigen Sehenswürdigkeiten des Landes.

Aktivitäten

Außer der Besichtigung von Sehenswürdigkeiten haben Sie und Ihre Familie natürlich auch noch reichlich andere Aktivitätsmöglichkeiten. In Beirut können Sie in dem berühmten Nationalmuseum ein paar Stunden verbringen. Das archäologische Museum bietet Ihnen Ausgrabungsfunde des gesamten Landes an.

Hier können Sie historisch wertvolle Schätze, Münzen aus verschiedenen Jahrhunderten, Waffen und Schmuck bestaunen. Das Museum hat eine ruhige Atmosphäre, da es vor Ort nie zu einer großen Menschenmenge kommt. Im Museum werden auch

Führungen auf Englisch und auf Arabisch angeboten.

Ein Museum anderer Art befindet sich in Sidon. Das Seifenmuseum, das sogenannte Musée du Savon, bietet Ihnen einen Einblick in die Herstellung von Seifen. Im Museum finden Sie jeden einzelnen Schritt zur Produktion von Seife erklärt. Zudem sind alle gezeigten Seifen handgefertigt. Von normaler Seife bis hin zu bunten und verzierten Seifen können Sie vor Ort jede Art von Seife begutachten. Das Museum bietet Ihnen und Ihrer Familie eine Museumstour an. Zusätzlich können Sie auch die handgefertigten Seifen kaufen.

Ist Ihnen oder Ihrer Familie nicht nach Museum? Kein Problem! Die Städte bieten auch andere Aktivitäten. Sie können sich bei einer Theateraufführung oder in der Oper einen schönen Abend mit Ihren Liebsten machen. In Beirut, im Metro Al Madina, finden regelmäßig Theateraufführungen und Shows statt. Hier sollten Sie jedoch schon Karten im Voraus reservieren oder kaufen. Das Caracalla Dance Theatre in Beirut bietet Ihnen ebenfalls Theateraufführungen, Konzerte und Musicals an. Hier wird arabisch getanzt und gesungen. Einen Abend voller schöner und unvergesslicher Momente.

Nach einer Theateraufführung können Sie einen Spaziergang entlang der Uferpromenade machen und die bekannten Taubenfelsen betrachten. Die Felsen liegen in Stadtteil Al Raouché, sie sind das Erkennungszeichen von Beirut. Auf einer Sitzbank können Sie sich zurücklehnen, die hohen Wellen des Meeres und den Anblick auf die Taubenfelsen genießen.

Auch bei einer Stadtrundfahrt durch die Stadt können Sie die Felsen besichtigen. Bei der Stadttour fahren Sie durch das Zentrum von Beirut und entdecken besondere Plätze der Stadt, während der Reiseführer Ihnen und den weiteren Fahrgästen zu den einzelnen Orten etwas erzählt. Natürlich stehen Ihnen, außer in Beirut, auch in den anderen Städten des Landes Stadtrundfahrten zur Verfügung.

Eine der beliebtesten Aktivitäten, vor allem bei den weiblichen Touristen, ist Shopping. In der Metropole Beirut haben Sie zahlreiche Geschäfte, in denen Sie sich austoben können. Beirut besitzt mehrere Einkaufzentren. Das bekannteste Einkaufscenter ist die Beirut Mall. Die Mall ist ähnlich wie die Einkaufszentren in Deutschland aufgebaut. Sie ist sehr modern und in hellen Tönen eingerichtet.

Neben vielen Geschäften im Einkaufscenter haben Sie hier die Möglichkeit, in einem Restaurant oder in einem Café eine Pause einzulegen und sich bei einem leckeren Eisbecher oder einer Tasse Kaffee auszuruhen.

Besonders für Familien ist der angesagteste Freizeitpark des Landes ein Muss. Der Ort ist für jedes Kind ein Paradies. Der sogenannte Birak Park liegt in dem Stadtteil Fraidis im Libanon. Verschiedene Outdoorspiele bieten den Kindern eine Menge Spaß. Hier können Sie gemeinsam mit Ihrem Kind auf einem Riesenrad die Stadt von oben erkunden. Für die Kleinen, die noch nicht auf das Riesenrad können, steht ein Kinderkarussell zur Verfügung. Auch kleine Rennfahrer können sich im Park austoben, denn sie haben die Möglichkeit, an einem Rennfahr-Wettbewerb, gegen andere Kinder gleicher Altersklasse, teilzunehmen. Die Kinder sitzen dabei selbstverständlich in einem geprüften und kindgerechten Ferrari.

In dem Rio Lento Wasserpark haben Sie und Ihre Familie die Gelegenheit, an schönen sonnigen Tagen schwimmen zu gehen. Die Anlage bietet Ihnen drei verschiedene Bereiche an. Der erste Bereich ist das Wellenbad. Die Wellen sind natürlich nicht hoch, denn hier schwimmen viele Kinder. Ein paar Schritte weiter kommt der nächste Bereich, die Becken- und Berganlage. Vor allem in diesem Bereich haben die Kinder eine Menge Spaß, hier können sie ihren Spielfantasien freien Lauf lassen. Der letzte Abschnitt ist der sogenannte geheime Ort. Um den zu erreichen, müssen Sie einmal um die ersten beiden Bereiche laufen, denn der geheime Ort liegt im hinteren Bereich der Anlage. Dieser Schwimmabschnitt wird der geheime Bereich genannt, weil hier das Becken viel tiefer ist als die Becken in den anderen Bereichen und weil sich hier eher die Jugendlichen oder Badegäste aufhalten, die ohne Familie oder ohne Kinder den Wasserpark besuchen kommen. Die Atmosphäre ist eher ruhig. Außerdem bietet die Anlage noch meterlange Wasserrutschen an. Hier werden sogar die Großen wieder klein! Zum Entspannen gibt es genügend Liegestühle, die direkt am Beckenrand positioniert sind, somit haben Sie Ihr Kind oder Ihre Kinder immer genau im Blick.

Haben Sie genug von Freizeitparks? Dann gehen Sie raus in die Natur. Besuchen sie das Heilige Tal, im Norden des Libanons. Im Tal Wadi Qadisha können

Sie die Zedernwälder bestaunen. Wieder ein Beweis, dass die Natur ein Wunder schaffen kann. Die Zedern haben für die Einheimischen und für das Land selbst eine besondere Bedeutung, denn die Zedern sind das Wappen der Nation. Auf der libanesischen Flagge sind die Zedern vertreten. Sie sollten von vornherein wissen, dass sich in dem Wald nur noch vereinzelte, übrig gebliebene Zedernbäume befinden. Es wird regelmäßig angeboten, Sie und weitere Touristen mit Minibussen zum Heiligen Tal zu bringen. Es ist sicherer an einer organisierten Tour teilzunehmen, als sich eigenständig auf den Weg in die Zedernwälder zu machen.

Als Naturliebhaber sollten Sie einen Ausflug in die Berge machen. Der Libanon besitzt einzigartige und atemberaubende hohe Berge im Norden des Landes. In verschiedenen Städten werden Wandertouren in die Berge angeboten. Hier sollten Sie sich auf keinen Fall alleine auf den Weg machen. Eine Tour in die Berge verläuft nicht ohne Hindernisse. Damit Ihre Sicherheit gewährleistet ist, sollten Sie an einem professionellen und organisierten Tagesausflug teilnehmen. Zudem haben Sie die Gelegenheit, auf der Tour neue Menschen kennenzulernen und gleichzeitig lernen Sie, zu der Entstehung der Berge, etwas dazu. Denn auf den Ausflug begleitet Sie und die anderen Interessenten ein Tourguide, der Ihnen wichtige Informationen mit auf den Weg gibt.

Sollte Ihnen nicht nach wandern sein, so ist es in einigen Städten möglich, zusammen mit einer Bergtour, auch einen Ausflug zum osmanischen Palast Beit ed-Din zu buchen. Hier fahren Sie und weitere Teilnehmer mit Minibussen zu den Bergen und anschließend zum Palast. Der Palast liegt in einer Bergregion südlich von Beirut. Das osmanische Gebäude wurde im 18. Jahrhundert gebaut. Wenn Sie am Palast angekommen sind, sieht dieser auf den ersten Blick eher nicht vielversprechend aus.

Aber der erste Eindruck wird Sie täuschen. Denn wenn Sie im Inneren des Palastes sind, werden Sie nicht mehr aufhören können zu staunen. Wenn Sie den Palast betreten, finden Sie im Hof einen großen Wasserbrunnen und verschiedene Palasteingänge. Die großen Innenräume sind mit Kalligrafie geschmückt und die Einrichtung entspricht dem osmanischen Stil. Der Palastgarten ist mit hohen Bäumen und wunderschönen bunten Blumen gestaltet. Nach Absprache mit dem Tourguide können Sie sich auf die majestätischen Stühle setzen und sich fotografieren lassen. Sie werden sich wie eine Prinzessin oder ein Prinz fühlen!

Nach einem gelungenen Ausflug möchten Sie bestimmt den Abend ausklingen lassen. Wenn Sie gerne feiern, dann sind Sie im Libanon genau richtig. Wer hätte das gedacht? Vor allem in der Hauptstadt Beirut schlägt das Herz des Nachtlebens. In der Partystadt finden Sie reihenweise Clubs, Bars und Discotheken.

Die sogenannte Hamra-Straße ist der Mittelpunkt der ganzen Lokale. Lassen Sie es sich bei guter Musik und einem gekühlten Drink gut gehen und lernen Sie neue Menschen kennen. Wollten Sie schon immer mal zu arabischer Musik tanzen oder den libanesischen Tanz Dabke?

Die Nachtclubs B018 und Grand Factory bieten Ihnen diese einmalige Chance. An diesen Orten haben Sie die Möglichkeit, zu arabischer Musik zu tanzen. Sind Sie aber nicht der Typ fürs Feiern und möchten nach einem Ausflug lieber in Ruhe entspannen, so haben Sie die Gelegenheit, sich in einer Strandbar einen Cocktail zu gönnen. Entspannen Sie sich mit einem Cocktail in der Hand auf einer

Strandliege und betrachten Sie das wunderschöne himmelblaue Meer.

Sie und eventuell auch Ihre Familie können sich auch einige Tage verwöhnen lassen. Im Wellnesscenter SPA Phoenicia können Sie es sich so richtig gut gehen lassen. Das Wellnesscenter bietet Ihnen auch einen Fitnessbereich an, wo Ihnen ein Trainer verschiedene Sporteinheiten zeigt. Der Trainer steht Ihnen die gesamte Zeit über zur Verfügung und bringt Ihnen verschiedene Übungen bei, egal ob mit oder ohne Sportgeräte.

Nach einer gelungenen Sporteinheit können Sie sich bei einer Massage oder bei einer Gesichtsbehandlung entspannen. Das SPA Phoenicia stellt Ihnen auch einen Innenpool und einen Außenpool bereit, hier können Sie auch einige Runden schwimmen oder einfach nur am Becken zur Ruhe kommen und die tolle Atmosphäre genießen.

Wenn Sie mit Ihrem Kind oder Ihren Kindern einen Wellnesstag verbringen, stellt Ihnen das Personal einen Schwimmtrainer für Ihre Kinder bereit. Der Schwimmtrainer steht Ihren Kindern die ganze Zeit zur Seite und bringt den Kleinen das Schwimmen bei oder macht mit den Kindern, welche schon schwimmen können, ein paar Übungen im Wasser. Dieser Service gilt natürlich nur, wenn von Ihrer Seite auch Interesse besteht. Die Pools und der Eingangsbereich sind mit hohen Palmen geschmückt. Sie werden sich hier wie im Paradies fühlen.

Sprache und Währung

Damit Sie sich mit den Menschen in den Clubs, im Wellnesscenter oder auch allgemein in der Stadt verständigen können, sollten Sie wissen, welche Sprachen im Libanon gesprochen werden. Wie Sie bestimmt schon wissen, ist die Amtssprache Arabisch. Arabisch sprechen fast alle Einheimischen.

Eine Minderheit spricht kein Arabisch, sondern Armenisch und Kurdisch. In vielen Orten des Landes sowie in fast allen Geschäften, Restaurants und

Hotels wird auch zusätzlich Englisch und Französisch gesprochen. Ein kleiner Teil der Menschen im Land spricht auch Italienisch. Sie sollten wissen, dass die Einheimischen gerne laut miteinander kommunizieren. Keine Panik, die Menschen streiten sich nicht, dass sie laut sprechen gehört einfach dazu.

Neben der Kommunikation, sind auch die Währung und die einzelnen Bezahlmöglichkeiten, die Sie haben, enorm wichtig. Die Währung des Landes ist das libanesische Pfund, auch Lira genannt. Sie haben in vielen Städten auch die Chance, mit Doller zu bezahlen. Es wird geraten, dass Sie das Geld schon vor Antritt der Reise eintauschen. In vereinzelten Banken und in Reisebanken können Sie problemlos das Geld wechseln. Sollten Sie es vor der Reise zeitlich oder aus einem anderen Grund nicht mehr schaffen, ist dies auch kein Problem. Am Flughafen, in einigen Hotels und Geschäften besteht die Möglichkeit, auch vor Ort das Geld einzutauschen. Des Weiteren können Sie, außer in bar, auch mit der Master- oder mit der Visakarte bezahlen. An einigen Standorten stehen Ihnen Automaten zur Verfügung, an denen Sie Geld abheben können. An den Bankautomaten ist gekennzeichnet, welche Karten akzeptiert werden.

Sicherheit und Hinweise

Ihre Sicherheit steht selbstverständlich an erster Stelle. Hier erfahren Sie die wichtigsten Hinweise bezüglich Ihrer Sicherheit und allgemeine Tipps, die Ihnen weiterhelfen werden. Touristen sollten immer ein Reisedokument im Original mit sich tragen, bei Straßenkontrollen können Sie sich somit ausweisen.

Ebenso wird Ihnen geraten, sich nicht in grenznahen Gebieten zu Syrien und Israel aufzuhalten. Sollte dies nicht vermeidbar sein, halten Sie sich unbedingt mit Begleitung in den Gebieten auf. Außerdem wird dringend davon abgeraten, sich in der Nähe von palästinensischen Flüchtlingslagern aufzuhalten. Denn an diesen Orten sind keine Sicherheitskräfte vertreten und somit wäre Ihre Sicherheit nicht gewährleistet.

Wenn auf den Straßen Demonstrationen stattfinden, sollten Sie einen großen Umweg um diese machen und sich nicht in der Menschenmasse befinden. Wie Sie wahrscheinlich schon selbst wissen, kann es auf einer Demo öfter Mal zu Auseinandersetzungen und Streitereien kommen. Beachten und befolgen Sie die Anweisungen der Behörden und der Sicherheitskräfte, dann wird Ihnen nichts passieren. Ratsam ist es ebenso vor Ihrer Reise, auf der Homepage des Auswärtigen Amtes immer mal wieder nach aktuellen Hinweisen zu schauen.

Neben Ihrer Sicherheit wären auch noch ein paar hilfreiche Tipps und Hinweise für Ihren Urlaub von Vorteil. Sie sollten unbedingt darauf achten, dass Sie oder Ihre Reisebegleiter das Leitungswasser nicht trinken. Leider   gibt es im Land nicht in allen Städten sauberes Leitungswasser. Deswegen sollten Sie lieber ganz darauf verzichten. Das abgepackte und gereinigte Wasser, welches in den Geschäften in Flaschen verkauft wird, können Sie problemlos trinken.

Erschrecken Sie sich nicht, falls an Ihnen schreiende Autofahrer vorbeifahren. Der Verkehr im Libanon ist das komplette Gegenteil von dem, was Sie wahrscheinlich gewöhnt sind. Hier beachten die Autofahrer weder die Ampeln noch die Verkehrsregeln oder die Verkehrszeichen. Vor allem die Männer weisen eine eher aggressivere Fahrweise auf als die weiblichen Fahrerinnen.

Ein nützlicher Tipp wäre, dass Sie sich ein Taxi nehmen, denn die Taxifahrer kennen den Verkehr und wissen damit umzugehen. Möchten Sie sich doch ein Auto für Ihren Aufenthalt mieten, so wäre es ratsam, sich ein Auto mit Chauffeur zu mieten, auch hier wissen die Chauffeure mit dem Fahrstil der Einheimischen umzugehen.

Sollten Sie sich entscheiden, doch ein Taxi zu nehmen, ist es empfehlenswert, mit dem Taxifahrer den Fahrpreis noch vor Abfahrt zu verhandeln, denn die libanesischen Taxifahrer erhöhen gerne mal den Preis. Möchten Sie trotz alldem ein Auto mieten und selbst fahren, dann fahren Sie bitte sehr vorsichtig und aufmerksam und lassen Sie sich nicht von den anderen hupenden Autofahrern ablenken oder nervös machen. Ihnen sollte aber bewusst sein, dass in den Großstädten immer viel Verkehr herrscht. Manchmal ist man zu Fuß schneller als mit dem Auto oder mit dem Stadtbus. Was aber auch von Vorteil sein kann, denn so haben Sie die Möglichkeit, die Stadt mehr kennenzulernen und zu erkunden.

Woran Sie unbedingt denken müssen ist, dass Sie sich extra einen Adapter für Libanon kaufen, denn hier gibt es andere Steckdosentypen als in Deutschland. Im Libanon benötigen Sie einen Adapter für die Typen A, B, C, D oder G. Falls Sie es vergessen oder nicht mehr rechtzeitig schaffen, einen Reiseadapter zu besorgen, keine Sorge, in den Geschäften vor Ort können Sie ihn auch bekommen.

Einige Hotels verfügen über Steckdosen, welche dem europäischen Standard entsprechen. Erkundigen Sie sich vor der Reise nochmal auf der Homepage Ihrer Unterkunft. Wenn Sie auf das Telefonieren auf Ihrer Reise nicht verzichten können, sollten Sie wissen, dass das Telefonieren im Libanon teuer werden kann. Sie können im Voraus bei Ihrem Telefonanbieter zusätzlich einen Auslandstarif buchen, um im Land telefonieren und surfen zu können. Ebenso haben Sie im Libanon auch die Möglichkeit, sich in einem Telefongeschäft eine Prepaidkarte mit libanesischer Nummer zu kaufen.

Sie sollten sich nicht wundern, wenn Sie am Flughafen landen, auf die Uhr schauen und da steht plötzlich eine andere Uhrzeit als Sie erwarten würden. Denn im Libanon geht die Uhr gegenüber Deutschland eine Stunde vor.

Ein weiterer wichtiger Hinweis, den Sie wissen sollten, ist, dass Sie vor allem in den Kleinstädten nicht immer warmes Wasser haben. Manchmal dauert es nur wenige Minuten bis das warme Wasser wieder fließt. Auch die Internetverbindung wird immer mal wieder unterbrochen. Mit einem Stromgenerator sollten Sie dieses kleine Problem aber in den Griff bekommen. Sollten Sie eine Unterkunft im Hotel haben, so brauchen Sie sich um das warme Wasser und um die Internetverbindung keinen Kopf zu machen. In der Regel gibt es im Hotel jederzeit fließend warmes Wasser und eine ununterbrochene Internetverbindung.

Ein gutgemeinter Tipp, besorgen Sie sich auf jeden Fall einen Stadtplan, so können Sie sich auf Ihre eigene Stadttour begeben und sind somit unabhängig.

Sollten Sie beim Packen Ihres Koffers was vergessen haben, brechen Sie bloß nicht in Panik aus. In vielen Gebieten des Landes, vor allem an jeder Ecke in Beirut, gibt es kleine Geschäfte und Supermärkte, wo Sie so gut wie alles bekommen können. Hier finden Sie Sonnencreme, Hygieneartikel und vieles mehr. Sehr zu empfehlen ist auch, dass Sie das Nötigste an Medikamenten mitnehmen, zum Beispiel Schmerzmittel gegen Kopfschmerzen, Durchfall-Stopper oder auch Tropfen gegen Verstopfung. Sollte Ihnen auf dem Flug oder allgemein bei Auto- und Busfahrten schlecht werden, nehmen Sie auch ein Mittel gegen Übelkeit mit und einige Spuckbeutel. Natürlich gibt es in jeder Stadt im Libanon auch eine Apotheke, wo Sie all diese Dinge bekommen können. Meist sind die Medikamente dort wesentlich günstiger als in Deutschland.

Denken Sie auch daran, Ihre Versicherungskarte und Ihren Impfpass mit in den Urlaub zu nehmen. Ebenso ratsam ist es auch, eine Auslandskrankenversicherung und eventuell eine Reiserücktrittsversicherung abzuschließen.

Wie Sie vielleicht schon mal in einem Artikel gelesen haben, ist das Land nicht gerade sehr günstig, vor allem in den Saisonzeiten steigen die Kosten der Eintrittspreise in Ferienparks und in Clubs hin und wieder mal an. Nehmen Sie lieber ein bisschen mehr Taschengeld mit. Lieber etwas mehr als zu wenig. Achten Sie aber enorm darauf, dass die Restaurants oder auch Eisdielen Sie finanziell nicht über den Tisch ziehen. Fordern Sie bei jedem Einkauf oder bei jedem Gang ins Restaurant eine Quittung an und kontrollieren Sie jedes Mal den Kassenbeleg.

Achten Sie unbedingt darauf, dass Sie wertvolle Gegenstände oder wichtige Dokumente im Tresor oder im Safe Ihrer Unterkunft sicher aufbewahren. Vergessen Sie nicht, eine Kamera mitzunehmen, um all die schönen Momente, die Sie erleben werden, festzuhalten.

Noch ein kleiner Hinweis, überlegen Sie sich zu welcher Jahreszeit Sie Ihren Urlaub im Orient verbringen möchten. Im Sommer stehen Ihnen selbstverständlich alle Strände, Schwimmbäder und die Außenpools zur Verfügung. Bei knapp vierzig Grad im Sommer werden Sie sicher Farbe abbekommen. Aber nicht nur im Sommer ist der Libanon sehenswert, sondern auch im Winter. Auch wenn Ihnen die öffentlichen Schwimmgelegenheiten nicht zur Verfügung stehen, bieten Ihnen viele Hotels Innenpools an. Außerdem sind die Berge mit weißem Schnee bedeckt, der Anblick ist atemberaubend schön.

Nun sind Sie für Ihre Reise in den Orient startklar. Sie kennen jetzt die schönsten Orte, die verschiedenen Aktivitätsmöglichkeiten und die wichtigsten Hinweise und Tipps. Sie können alleine oder mit der Familie in den Libanon reisen. Versprochen, es wird sich zu einhundert Prozent lohnen! Freuen Sie sich auf eine unvergessliche Zeit und auf einzigartige Momente.

Alles Gute und viel Spaß auf Ihrer Reise!

Packliste

Geld & Finanzen

O (evtl.) Auslandswährung
O Bargeld
O Bauchtasche
O Brustbeutel
O Bauchtasche
O EC-Karte
O Kreditkarte
O Notfall-Telefonnummern der Banken
O Portmonee

Hygiene

O Haarbürste / Kamm
O Deo (klein)
O Shampoo
O Kulturtasche
O Sonnencreme
O Taschentücher

O Reise-Zahnbürste und Zahnpasta
O Verhütungsmittel

Kleidung

O Badeklamotten
O Gürtel
O Hosen kurz / lang
O Mütze / Cap / Hut
O Pullover
O Regenjacke
O Schlafanzug
O Socken
O Sonnenbrille
O Sportklamotten / Jogginghose
O T-Shirts
O Unterwäsche

Medikamente

O Blasenpflaster
O Anti-Durchfalltabletten
O Erste-Hilfe-Set

O Fiebertabletten

O Fiebertabletten

O Mückenschutz

O sonstige Medikamente

O Pflaster

O Kopfschmerztabletten

Unterlagen & Papiere

O ADAC Unterlagen

O Adresslisten für Postkarten

O Krankversicherungsnachweis

O Stadtplan

O Führerschein

O Unterlagen für die Unterkunft

O Wasserdichte Hülle für Reiseunterlagen

O Impfausweis

O Mietwagenunterlagen

O Personalausweis

O Reisepass

O Reisetagebuch

O evtl. Studentenausweis

O evtl. Visum
O Zug- / Bahn- / Flugticket

Taschen & Rucksäcke

O Koffer / Trolley / Reisetasche
O Regenhülle für Rucksack
O Rucksack

Schuhe

O Badeschlappen / Hausschuhe
O Schuhe und Wechselschuhe

Sonstiges

O Brille / Kontaktlinsen und Etui
O Buch zum Lesen
O Ohrenstöpsel und Schlafmaske
O Regenschirm
O Reisedecke
O Wasserflasche
O Wörterbuch

Elektronik

O Digitalkamera
O Handy
O Ladekabel
O Kopfhörer
O evtl. Steckdosenadapter
O Power-Bank

Herstellung und Verlag:
BoD – Books on Demand, Norderstedt
ISBN: 9783752823905

© Laura Ziegler 2020
1. Auflage
Kontakt: Psiana eCom UG/ Berumer Str. 44/ 26844 Jemgum
Covergestaltung: Fenna Larsson
Coverfoto: depositphotos.com